李 惠 主编 / 侯 雯 动作示范

国家出版基金项目
NATIONAL PUBLICATION FOUNDATION

武术中国

二十四式太极拳

刘怡君 编著

中原出版传媒集团
中原传媒股份公司

河南电子音像出版社
· 郑州 ·

图书在版编目（CIP）数据

二十四式太极拳 / 刘怡君编著 . — 郑州 ：河南电
子音像出版社，2021.11
（武术中国）
ISBN 978-7-83009-398-3

Ⅰ . ①二… Ⅱ . ①刘… Ⅲ . ①太极拳－基本知识
Ⅳ . ① G852.11

中国版本图书馆 CIP 数据核字（2021）第 217562 号

二十四式太极拳

刘怡君　编著

"武术中国"太极系列编委会

主　编：李　惠

编　委：马敏卿　张军平　司红玉　王立新　郑跃峰　侯　雯　刘怡君
　　　　朱向华　李　昕　董国兴　韩剑云　赵雨琪　杜卓航　李　芳
　　　　李怀亮　韩向阳　王春阳　王逸桐

出版人：温新豪	选题策划：郭笑丹
责任编辑：敖敬华	责任校对：李晓杰
装帧设计：刘运来工作室	造型设计：赵雨琪
摄　像：林伟峰　徐瑞勋	视频后期：范丽娜　李沃桐　韩小枝
录　音：胡　辉　王　坤	美　工：张　勇　李景云　郭　宾

出版发行：河南电子音像出版社
地　　址：郑州市郑东新区祥盛街 27 号
邮政编码：450016
经　　销：全国新华书店
印　　刷：新乡市豫北印务有限公司
开　　本：787 mm×1092 mm　1/16
印　　张：8.5 印张
字　　数：126 千字
版　　次：2021 年 11 月第 1 版
印　　次：2021 年 11 月第 1 次印刷
定　　价：59.00 元

总序

吴彬

中国武术研究院专家委员会委员
国家级武术教练
享受国务院政府特殊津贴专家
中国武术九段
国际武术联合会技术委员会原主任
亚洲武术联合会技术委员会主任
中国武术协会副主席
北京武术院院长

文化是民族的血脉，是人民的精神家园。中华文化独一无二的理念、智慧、气度、神韵，增添了中国人民内心深处的自信和自豪。中华武术是中华传统文化中的重要部分，是弘扬中华文明的重要渠道。说起武术，就不能不提河南，少林和太极，那是享誉全球！

党的十八大以来，以习近平同志为核心的党中央高度重视、关心体育工作，将全民健身上升为"健康中国战略"，推动了全民健身和全民健康深度融合。2017 年 8 月在天津举办的第十三届全运会即将开幕之际，习近平总书记在会见全国体育先进单位和先进个人代表等时强调，加快建设体育强国，就要坚持以人民为中心的思想，把人民作为发展体育事业的主体，把满足人民健身需求、促进人的全面发展作为体育工作的出发点和落脚点，落实全民健身国家战略，不断提高人民健康水平。

河南电子音像出版社出版的这套"武术中国"系列图书自立项以来，就以起点高、形式新等诸多优点，受到广泛关注，并于2016 年入选"十三五"国家重点图书、音像、电子出版物出版规划，2019 年入选国家出版基金项目。

"武术中国"系列图书底蕴深厚、权威性高，又贴近读者，实操性强。它不仅仅挖掘、整理了我国优秀传统武术文化，而且着力突出武术这一传统文化在健身、提高全民素质上的重要意义，引导读者从健康、健身的视角看待和尝试中国传统武术。这套丛书的作者大多是我国武术界的著名老师，如朱天才、梁以全、曾乃梁等。这套丛书还首创了积木式教学、动作加呼吸的高阶健身方式，以及在传统武术中融入中国古典音乐、书法等元素符号，提高了读者阅读兴趣和出版物品位。所谓积木式教学，就是把教学单元分解为每一个动作对应一个视频，比如陈氏太极拳老架一路有 74 个动作，积木式教学就是把教学分解为 74 个教学单元，读者掌握单个动作后可自主进行套路学习。书中每个教学动作之后附有二维码，读者通过手机扫描二维码可随时在线观看视频。这种方式的教学降低了读者的学习门槛，提升了他们的学习兴趣。

　　希望这套丛书的出版，能使广大读者深入了解、喜爱我们的民族瑰宝，开启新时代健康精彩的人生！

前言

　　中国武术历史悠久，源远流长，少林功夫享誉全球，太极拳传遍天下。少林功夫、太极拳均发源于河南，形式多样、内容丰富、特点突出、风格独特，是中华文化的重要组成部分。它们因体系完整、技术精湛、社会用途广泛而享誉中外。

　　早期社会中的各类防守、攻击等形式，在中华文明发展过程中，逐步演化为少林、太极等强身健体的武术文化。随着中华文化在世界范围内的传播，武术文化逐渐走向世界。少林武术与太极拳在海外均有大批爱好者，其中有些爱好者不远万里来到中国，探访少林寺与陈家沟，拜师学艺，传播武术文化。

　　2020年12月17日，联合国教科文组织保护非物质文化遗产政府间委员会会议宣布，将"太极拳"列入联合国教科文组织人类非物质文化遗产代表作名录。太极拳，正式成为世界非物质文化遗产的一分子，成为我国传统武术类非遗项目中唯一的人类非物质文化遗产，也是我国第41个列入联合国教科文组织非物质文化遗产名录的项目。

"大道之源，法式于地，取象于天。" 太极拳成功申遗，是太极文化乃至中国武术文化进一步走向世界的重要里程碑。太极拳蕴含和而不同的文化追求，淡化竞争、和睦相处的交往智慧，倡导互利共赢的价值观念，将在全球跨文化传播中发挥更加重要的作用。武术作为我国优秀传统文化，是文化自信的重要组成部分，也是中华文化"走出去"的重要内容。

河南电子音像出版社长期以来对武术文化的宣传和推广都十分关注，出版过大量的精品武术产品，以百集"中国民间武术经典"为代表，其在国内外发行之后，深受广大武术界人士的欢迎和好评。这次"武术中国"系列出版工程，以中国博大精深的武术文化为核心内容，邀请诸多武术名家从少林武术和太极拳以及其他拳种的历史演变、风格特点、文化特点、养生健体功效、传世歌诀、套路概述、拳术套路、器械套路等方面详细阐述，以此普及传统套路，挖掘稀有套路。

"武术中国"系列于 2016 年入选"十三五"国家重点图书、音像、电子出版物出版规划，2019 年获得国家出版基金扶持。这套丛书的出版发行，将有力促进中原武术文化的发展和繁荣，对传播、推广、弘扬我们的国粹，传承中华民族的优秀武术文化，起到巨大的作用。

需要指出的是，本套书中图片分解动作是对于入门者而言的基本动作，而视频演练者都是精熟于这些动作的武术行家，所以他们在演练时动作快速连贯、行云流水，从而有个别动作在力度、速度等方面与书中静止的图片分解动作稍有出入，待您长期反复地练习后，也能做到熟能生巧、灵活运用。

本丛书在编写过程中，得到中国武术协会副主席吴彬先生的大力支持，主编李惠女士、郑跃峰先生为丛书编写也付出了巨大努力，我们表示衷心感谢！参与丛书编纂的各位作者、演练示范者、编辑、校对等，参与视频、图片摄制的各位同仁，对于大家的辛苦付出，在此一并致谢！

编者

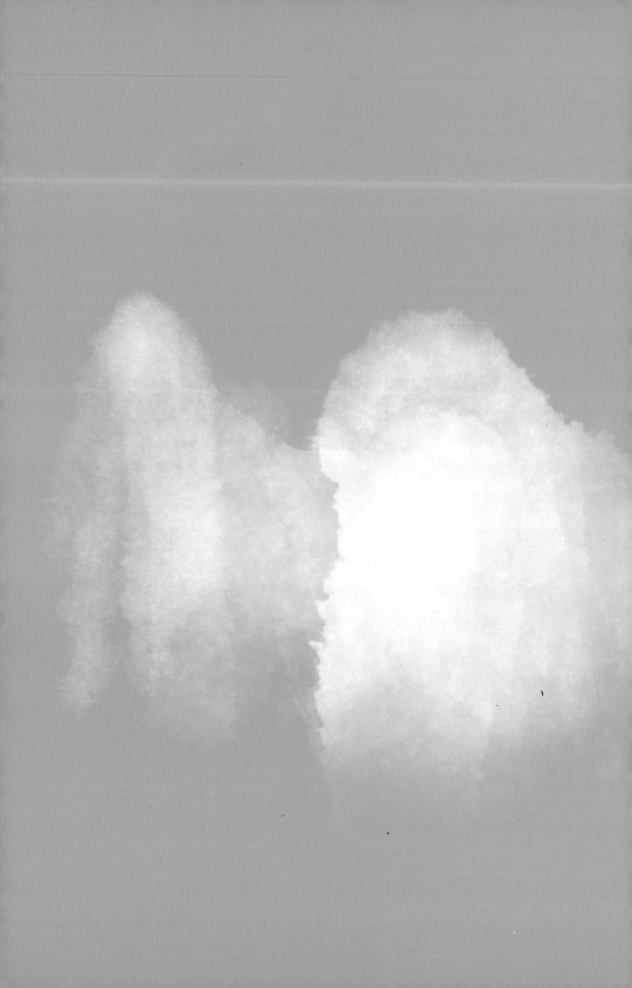

目录

二十四式太极拳

0 4 7 第三章
二十四式太极拳动作教学

易有太极	松柔圆活	虚领顶劲	沉肩坠肘	修身养性
是生两仪	刚柔相济	心静体松	螺旋缠丝	健体养生

太极拳是中华民族武术宝库中一颗璀璨的明珠。
"太极"源出《周易·系辞》，"易有太极，是生两仪"，
这是因为太极拳具有阴阳转化、刚柔相济的特点，
拳法变幻无穷、含义丰富。

第一章
太极拳概述

第一节
太极拳的起源与发展

太极拳，是武术项目中的主要拳种，国家级非物质文化遗产。它是以阴阳辩证理念为核心思想，集颐养性情、强身健体、技击对抗等多种功能为一体，结合易学的阴阳五行之变化、中医经络学、古代的导引术和吐纳术形成的一种内外兼修、柔和、缓慢、轻灵、刚柔相济的拳术。"太极"一词最早出现在《周易》一书中，"易有太极，是生两仪"，含有至高、至极、无穷大之意。

关于太极拳的起源及其创始人，民间有几种不同的说法。根据考证，太极拳源于明末清初。据《温县志》记载，明崇祯十四年（1641），陈王廷任河南温县"乡兵守备"，明亡后隐居家乡耕田习拳，如遗词所说："闷来时造拳，忙来时耕田，趁余闲，教下些弟子儿孙，成龙成虎任方便。"从陈王廷的《拳经总歌》中可以了解到，他所创造的太极拳受明朝将军戚继光所编著的《拳经三十二势》的影响很大。陈王廷将《拳经三十二势》中的二十九势编入了太极拳套路，如《拳经三十二势》以"揽扎衣"为起势，而太极拳各套路起势也均以该动作为起势，甚至陈王廷《拳谱》和《拳经总歌》的文辞也与《拳经三十二势》相仿。

太极拳虽受戚继光《拳经三十二势》影响，但有其独特的风格和作用。陈王廷研究了道家的《黄庭经》，将太极拳中的手法、眼法、身法、步法的协调动作与导引、吐纳有机地结合起来。在练习时，要求意识、呼吸和动作三者密切结合，这就使太极拳成为内外统一的拳术运动。太极拳运用传统中医经络学说，拳势动作采用螺旋缠绕式的伸缩旋转方法，要求以腰为轴，内气发源于丹田，通过意念引导，到达任督两脉和周身，从而达到"以意用气，以气运身"的境界。

陈王廷创造的太极拳推手方法具有很强的技击性，对发展耐力、速度和灵敏度等都具有很大的作用。

太极拳在长期演变过程中形成了许多不同风格和特点的传统流派，其中流传较广和具有代表性的有五式，即陈式、杨式、吴式、武式、孙式。

中华人民共和国成立后，国家重视体育事业的发展，从20世纪50年代开始，太极拳得到蓬勃发展。为满足广大人民群众的需要，国家体育主管部门组织专家先后创编了二十四式、四十八式、三十二式等太极拳套路。随着时代的发展，到20世纪90年代，又有四十二式太极拳和陈、杨、吴、武、孙各式流派的太极拳竞赛套路。为实现健康中国目标，满足全民健身需求，近年来又创编了入门的八式、十六式和太极拳八法五步简化型太极套路，并进行了普及与推广。目前，中国传统体育项目太极拳在世界各国得到了广泛传播与认可。经过科学研究，太极拳适合不同年龄、性别和体质人群进行锻炼，符合人体的生理习惯，尤其是对体弱和患有某些慢性病的人，更是一种较好的体疗手段，是一种非常好的有氧运动，是可以终身锻炼的完美无缺的运动项目。

第二节
太极拳的特点及练习要求

一、太极拳的特点

1. 柔和缓慢

太极拳是一项柔和、缓慢、轻灵的拳术。其姿势力求舒展大方、自然柔和，动作舒展平稳、不僵不拘、周身协调。整套动作演练下来，要做到柔而不软、松而不懈、刚而不僵、柔中寓刚、刚柔相济、速度缓慢、流畅均匀、前后贯串、沉着自然。

2. 连贯圆活

太极拳不同于其他拳术，它要求动作连贯圆活，处处带有弧形，避免直来直往。通过弧形活动进行锻炼，有利于动作的圆活自然，体现出柔和的特点，使身体各部位得到均匀的锻炼、发展，这是符合人体各关节自然弯曲状态的。在套路演练中要求动作连贯、速度均匀、上下相随，似行云流水，绵绵不断。从整套动作起势到收势，不论动作的虚实变化和姿势的过渡与转换，都紧密衔接、连贯一气，没有明显停顿。

3. 虚实分明

太极拳以阴阳转换为理论指导，在一势一动中，体现着阴阳转换，即虚与实的相互转换理念。在太极拳套路中，身体重心随着步型、步法中虚实的互换而不断转换位移，可以说虚与实的转换贯串于整个套路之中。阴阳本身就是一对矛盾，而阴阳的不断转换就形成了不停顿的运动。太极拳是阴阳拳、文化拳、哲理拳，它的刚柔、虚实、快慢、方圆、大小、开合等特点，充分表现出了矛盾的对立与统一。其动作轻灵、沉稳、虚涵、扎实的特征也在练习过程中不断地转换和变化，逐步达到统一和谐的境地。

4. 协调完整

在太极拳运动中，不论是整个套路，还是单个动作姿势，都要求内（意念、呼吸）外（躯干、四肢动作）合一，身体各部位之间要密切配合。动作以腰为轴，以躯干的转动来带动肢体运动，并互相呼应，上下相随，劲到意到。不能上下脱节或此动彼不动，显得呆滞死板和支离破碎。

二、太极拳的练习要求

1. 虚领顶劲项竖直

练习太极拳时对头部姿势要求比较严格。所谓"虚领顶劲""头顶悬"或"吊顶"的说法，是要求在做太极拳动作时，头向上领，自然竖直，避免颈部肌肉硬直，不可东倒西歪或自由摇晃。练习时百会穴轻轻上提，好似有绳索向上牵拉，从而感觉有"虚领顶劲"之意，头颈动作应随着身体位置和方向的变换，与躯干的旋转上下连贯、协调一致，以便控制平衡和达到中枢神经对器官机能的调节作用。练拳时面部表情要平静自然，颈项自然放松竖起，使头部在左右转动时自然灵活，达到头正、顶平，精神饱满、意气贯注，动作沉稳、扎实，最终达到良好的锻炼效果。

2. 沉肩坠肘腕须坐

练太极拳时在松肩的前提下要求沉肩坠肘。沉肩坠肘有利于躯干的含胸拔背，同时使人体重心向下松沉。肩、肘两个关节是相关联的，能沉肩就能坠肘。沉肩坠肘时腋下要空，不能夹臂，要有意识地将两臂向外引伸微向前合抱。除了注意沉肩坠肘，手腕也要微向下塌，但不可塌得太死。坐腕的腕关节向手背一侧自然屈起，在定势动作和运转动作中都须注意坐腕要求。坐腕对各类手法的劲力都有积极作用，如腕部松懈则前臂无力。自然伸展的舒指与坐腕相配合，既有动作形象的美感，又能体现臂部的劲力和攻防技击性。总之，做动作时，臂部始终要保持一定的弧度，推掌、收掌动作都不要突然断劲，这样才能做到既有节分又能连绵不断，轻而不浮，沉而不僵，灵活自然。

3. 含胸拔背腹要实

太极拳的含胸拔背是一种基本身型要求，不是随动作变化而变动的。太极拳要领中指出要含胸拔背，或者"含蓄在胸，运动在两肩"，意思是说在练习中要避免挺胸或过分内缩（扣胸、肩），应顺其自然。含胸拔背有利于横膈肌运动所产生的腹式呼吸，使腹部肌肉逐步得到锻炼，腹部渐渐充实圆满，呼吸调节自然，更有益于气沉丹田的要求。含胸拔背与实腹相互作用，在保持躯干中正姿势的前提下，重心下沉，使动作轻灵，下盘更加稳固。

4. 松腰敛臀裆亦圆

练习太极拳时，要求身体端正安舒，含胸拔背，松腰敛臀，圆裆撑胯。要保持正确的姿势，腰脊起着主要作用。练习太极拳时，要以"腰脊为第一主宰"，"以腰为轴"带动四肢。如果腰部力量中断或在身体转动中起不了中轴作用,就不可能做到周身完整一气。

习练太极拳时，松腰有利于气下沉，使重心下落而稳固，无论是进退、旋转还是虚实转换，腰脊的松沉、转动均起到了至关重要的作用。敛臀，是在松腰的基础上使臀部稍微内收，同时和含胸拔背互相作用。敛臀时，先放松臀部和腰部肌肉，使臀部肌肉向外下方舒展，然后向前、向内收敛，好似臀部把小腹托起，此举有利于气沉丹田，维持躯干的正直、舒适。总之，松腰敛臀应用意识调整，不是用力去控制。

5. 心静体松意要专

太极拳练习的重要原则是心静、体松、专心、用意，也就是说，"松"与"静"是练好太极拳的基本修养。练拳时排除杂念，注意力集中，要心静专注，肢体放松，以意念引导动作的变化和运行。练习前排除杂念与干扰，肢体放松，端正姿势；开始做动作后，精神集中，用意念引导动作和专注动作要领，做到以意导体，意动形随。所谓体松，并非肢体绵软无力，而是按照动作的虚实变化，避免拙力和肢体僵硬，不该用力的肌肉和关节做到最大限度的放松，逐步达到以松入柔、积柔成刚、刚柔相济。体松是一种练习太极拳时达到刚柔相济的手段和方法。

6. 呼吸深长须自然

练习太极拳时，应采用腹式呼吸来加深加长呼与吸。腹式呼吸时应以意识引导动作，自然均匀地、有意识地将气送至小腹部，也就是常说的"气沉丹田"。练习太极拳时的身体基本姿势都促使腹式呼吸达到深长的要求。"拳式呼吸"一般是指练习时动作的开合屈伸、起落进退、虚实变化等结合一呼一吸。在太极拳运动中一般可以按照起吸落呼、开吸合呼的要求，使呼吸与动作自然配合。但是，在做起落、开合不太明显的动作时，或以不同的速度练习、不同体质的人练习时，动作与呼吸的配合不能机械勉强，不能违反生理自然规律。掌握正确的腹式呼吸方法，可使练习时肢体更放松，注意力更集中，动作更圆活和沉稳。

7. 势势意连形相随

太极拳讲究"一动无不有动"，而且始终以意念引导动作。当一个动作完成时，即是下一个动作的开始，要有意连形随的感觉。例如两手向前按时，先要有向前按的意念，然后动作随即前按。意念不中断，上一个动作和下一个动作之间不停顿，保持势势相连，连绵不断。整个套路练习从头到尾给人一种连贯圆活的感觉，又有行云流水般的舒畅感。太极拳练习基本上是缓慢的匀速运动，在意念领先的前提下，通过不断练习，能够达到势势意连形相随的境地。

8. 轻沉虚实俱兼备

太极拳是一种轻灵、缓慢、沉稳的拳术，其动作如抽丝般徐缓不躁，迈步如猫行般轻起轻落，有轻灵的感觉，故有"运劲如抽丝、迈步如猫行"之说。轻灵和沉稳是相对独立而又统一的。太极拳的基本身体姿势和具有气沉丹田要求的腹式呼吸使身体重心下沉，在步法转换及完成动作中要求虚实分明，无论是行步还是定势，步型、步法都要求既轻灵又沉稳。

第三节
太极拳的健身与防病作用

一、有利于中枢神经系统

　　大脑是人体的重要组成部分，是神经系统中枢。大家都知道脑细胞是没有再生能力的，会随着年龄的增长而减少。太极拳运动可使脑细胞减少的状况得以改善，使大脑功能处于良好的工作状态。

　　现代社会的生活和工作节奏使大脑皮层相应区域长期处于高度兴奋的紧张状态，容易导致交感神经过度兴奋。太极拳运动中有意识地运用意念调节中枢神经系统兴奋与抑制过程的相互转换，可提高植物神经系统的功能，促使人体处于全面、协调的运动状态中。

　　练习太极拳时，要求"心静"，并且讲究"用意"，这些都对大脑活动有良好的训练作用。此外，练习太极拳时，动作需要完整一气，手、眼、身、法、步上下协调、毫不散乱、前后连贯、绵绵不断，同时需要有良好的支配和平衡能力。因此，这也间接地对中

枢神经系统起到了训练作用，从而提高了中枢神经系统紧张度，活跃了其他系统与器官的机能活动，加强了大脑的调节作用。

太极拳是一种很有益的运动：在练习套路时，会让人感觉舒适、陶醉、精神焕发；在练推手时，又令人紧张、兴奋、活泼，反应灵敏。这种兴奋与抑制的互换，使中枢神经系统不断得到锻炼，从而增强了中枢神经系统的功能。

二、有利于心血管系统及循环系统

世界卫生组织（WHO）已将太极拳列为心脏复健运动项目。实验证明：通过练习太极拳可以使肌体组织血液灌流量增大，血液循环得到改善。通过一个月太极拳练习，受试者的安静心律降低，降低了基础代谢能耗，减少了心肌的氧耗；增加了大动脉管壁的弹性，恢复血管机能，使血压降低；心脏泵血效率提高，使每搏输出量和射血分数明显提高；而心室厚度和收缩的提高，说明心室壁血液供应得到了改善。对练习太极拳两年以上的老年人脑血流图进行分析时还发现，练习者脑血管弹性良好，脑血流有明显改善，说明太极拳运动对脑细胞的发育和延缓衰老具有重要影响。

太极拳运动要求"气沉丹田"，这是一种横隔式呼吸，它在医疗与保健上都有良好的作用。膈肌与腹肌的收缩与舒张，使腹压不断改变：腹压增高时，腹腔的静脉受到压力的作用，把血液输入右心房；相反，当腹压降低时，血液则向腹腔输入。这样，由于呼吸运动的方式改善了血液循环的状况，加强了心肌的营养。所以经常练习太极拳，对预防各种心脏疾病及动脉硬化都有很大作用。

三、有利于骨骼、肌肉强健及关节活动

太极拳运动对骨骼、肌肉及关节活动的影响很突出。以脊柱为

例，练拳时要求"含胸松腰拔背""腰脊为第一主宰"等，说明太极拳与腰部活动有着密切关系。太极拳动作中的"气沉丹田"，在增加盆腔压力的同时，可以提升腹横肌的力量，间接激活竖脊肌，增加人体的核心稳定性。健康的竖脊肌可以维持脊柱的稳定，减轻椎间盘压力，对椎间盘膨出病人有良好的康复作用。经常练习太极拳，无论对脊柱的形态和组织结构都有良好作用。老年性骨质疏松是一种衰老的退行性变化，其原因主要是由于骨组织中成骨细胞不活跃，不能产生骨的蛋白基质，致使骨生成少、吸收多，骨质变松，容易产生畸形，使关节活动不灵活。而太极拳要求动作连贯圆活，周身节节贯串，因此练习太极拳有一定的防骨质疏松作用。太极拳运动时，要求松髋屈膝，动作虚实分明，无形中加强了脚部小肌肉群、腿部力量和踝关节柔韧性的锻炼，使之下盘更加稳定，平衡力、控制力增强，起到了预防衰老的作用。

四、有利于新陈代谢

太极拳的运动特点决定了其运动负荷适中，是一项有氧健身运动。适中的运动量可使新陈代谢处于适宜的状态，无论是能量物质的供应，还是代谢产物的排放，都在一个比较有序的状态下进行。

近年来，国外有不少人从物质代谢的角度研究运动的防老作用。研究发现，老年人锻炼五到三十分钟后，血内的胆固醇含量会下降，特别是胆固醇本来就高的老人，下降尤为明显；也有人对动脉硬化的老人进行锻炼前后的代谢研究，发现经过五到六个月锻炼后，血中白蛋白含量增加，球蛋白及胆固醇的含量明显减少，而且动脉硬化的症状也大大减轻。这些研究结果说明，太极拳运动对体内物质代谢有良好影响。

随着人的年龄的增长，人体自身分泌激素的能力逐渐下降，有研究表明，激素水平的下降是人体衰老的主要原因之一。通过长期的太极拳训练，可以增加人体人肌肉的力量，从而有助于改善人体自身激素的分泌水平，提升自体睾酮的合成率。合理的睾酮水平的维持，有利于改善人体新陈代谢水平，维持健康的细胞代谢能力，延缓衰老。

五、有利于呼吸系统

呼吸系统的功能对人体的健康状况有着重要的影响。在太极拳练习中要求呼吸与动作配合，要进行深长细匀的腹式呼吸，达到气沉丹田。正常人体呼吸会形成呼吸无效腔，呼吸无效腔包括从口、鼻至细支气管，这部分空气无法跟血液直接交换氧气，人体交换氧气和二氧化碳的场所在肺泡内。每次吸气时首先进入肺泡的是无效腔内的混合空气；每次呼气时呼出肺泡的废气首先进入无效腔。正常男性解剖无效腔气量约 128 毫升，女性约 120 毫升。太极拳要求的深长呼吸有效地增加了单次呼吸肺吸入的气量，提高肺换气率，减少呼吸无效腔，使人体呼出更多的二氧化碳及废物，吸入更多的氧气。大量的研究表明，通过太极拳的练习能够有效地增大肺活量，改善肺组织结构，并对各种呼吸系统疾病有良好的治疗作用。经观察，长期从事太极拳练习的肺结核患者的肺活量有明显增加，而且对慢性支气管炎、肺气肿等各种疾病有良好的治疗作用。太极拳运动既能增加肺部通气功能，又能通过腹压有节律的改变，使血流加速，增进肺泡的换气功能，有助于保持人体的活动能力。

六、有利于消化系统

前面已经提过，练习太极拳可以提高神经系统活动能力，从而改善其他系统的机能活动，因此它可以预防并治疗某些因神经系统机能紊乱而产生的消化系统疾病。此外，练习太极拳时的呼吸运动对胃肠道起着机械刺激的作用，能改善消化道的血液循环，促进消化，预防便秘；太极拳要求"以腰为轴"带动四肢，"腰脊为第一主宰"，通过腰脊的旋转、折叠运动，促进、催化了内脏器官的蠕动与运行，提高了消化系统的功能，促进人体健康。

太极拳是科学的、可以终身运动的体育项目。随着时代的发展和科技的进步，人们的健康意识不断增强，都希望能找到一项适合自己的健身项目。2008 年美国健康研究所发表文章，赞扬太极拳是一项"完美无缺"的运动，美国科学家评论太极拳"几乎没有缺点，没有任何副作用，大范围推广有益无害"。

综上所述，太极拳是一种合乎生理规律、轻松柔和的健身运动，它对中枢神经系统有良好的影响，能加强心血管与呼吸的功能，改善消化系统与新陈代谢过程。所以，从医学的观点上来看，它是一种很好的保健体操与医疗体操。

漫谈太极拳运动之体会

一、初学太极拳注意事项

1. 动作准确、速度均匀

初学太极拳时，学动作不宜贪多、求快，打好基础很重要。首先，准确掌握规范的动作方法和技术要领，记清动作的路线、过程、角度，以确保建立正确的技术动力定型；其次，太极拳的练习速度宜慢不宜快，要从慢上练功夫。动作熟练后，要先重形、后重意，先练柔、后练刚，整套动作始终保持匀速，切勿前快后慢、忽快忽慢。

2. 动作平稳勿起伏

一般来讲，太极拳"起势"动作的高低，决定了整套动作的高低程度。大部分太极拳初学者由于功力较弱、腿部力量欠缺，难以控制自己的身体始终保持在同一个水平状态下进行演练，容易高低起伏。因此，建议初学者先采用稍高的架式进行练习，之后随着动作的越来越熟练、体质的不断增强，以及腿部力量和功力的持续增长，可循序渐进地降低姿势，采用中架式或低架式进行练习，不断提高能力及技术水平。

3. 运动适度效果好

在太极拳练习中，要求上下肢在一定的弯曲下做虚实转换的慢动作，动作看似柔和，实则要求全身的内、外、上、下高度集中统一。由于下肢负荷较大，初学者容易感到两腿酸痛，这是正常的生理现象。因此，每次锻炼的时间长短、次数多少、运动量大小，应根据自身体质而定，要注意循序渐进，逐步加大运动量。总之，初练太极拳时，运动量要因人而异、因病制宜，不应贪多求快、急于求成。

4. 信心、恒心来保航

练习太极拳贵在坚持，方可得内外双修，切忌"三天打鱼，两天晒网"。功夫是日积月累练出来的，要有信心、有恒心，坚持训练，以勤补拙，逐步提高技术水平，做到精益求精，这样才能最终达到增强体质和治病防病的效果。

二、练好太极拳可分的四个阶段

太极拳训练和所有体育项目训练一样，都要经历一个由生到熟，由熟到巧的逐步提高的过程。太极拳套路风格独特、动作繁多，要想使每一个动作规范准确，形成自己的技术风格，达到修身养性、健身养生的效果，需要经过以下四个阶段。

1. 建立正确的动作定型

建立正确的动作定型，是学好太极拳的基础。首先，要学习正确、规范的技术动作，在姿势（完成式）、动作（过渡式）上打好基础。其次，把套路中的步型、步法、腿法、身法、手型、手法、眼神等基本要求弄清楚，做到姿势正确，步法稳定，动作舒展、柔和，套路路线准确。最后，熟练掌握整套完整技术，做到个人演练一气呵成。总之，在训练的初级阶段，务必要抓好太极基本功，掌握正确的动作姿势和技术方法，熟练套路。

2. 精雕细琢悟拳理

俗语云："拳打千遍，身法自然。"因此，本阶段是一个较长的训练过程，需要多练、勤思，同时注重理论学习，掌握动作的变化规律与特点，对太极拳技法动作的攻防含义进行钻研、领悟，做到方法准确、连贯圆活、协调完整、重视劲力。在演练中做到四个"由"，即由松入柔，由柔入沉，由方入圆，由正入整，达到内、外、上、下完整一气，浑然一体。

3. 刚柔相济、内外合一

太极拳刚柔相济、内外合一的特点是中国传统文化智慧的缩影，也是区别于武术外家拳种的精髓所在。练拳时，不但要有刚有柔，有开有合，有虚有实，有快有慢，更要刚中有柔，柔中有刚，开中有合，合中寓开。

在本阶段的练习中，要探求劲力的运用和意念、呼吸与动作的协调结合，做到动作轻灵沉着，周身完整统一，将太极拳技术风格最大化地展示出来；从套路演练来讲，首先要求刚柔相济，就是指在"运劲"过程中，既要劲力完整，同时力量也要连绵不断；其次要求内外合一，是指意念引领、呼吸与动作协调配合，风格突出，形神兼备。

4.自成一体展风格

太极拳是一个充满想象力和创造力的拳种，不需要完全拘泥于定法。当习练者熟练掌握了太极拳的基本动作、要领后，在符合拳理，不随意篡改拳架的基础上，是可以根据自己对于太极拳的理解、领悟和身体优势进行个人发挥的，我们把这种发挥称为"个人技术风格"。 例如在动作演练中，动作幅度大小、要在哪里发劲，都可以根据自身的特点来决定，不要求完全统一。太极拳要求身心合一，人是活的，那么拳也是活的，充满个人特色的拳才是有生机的拳。

三、一以贯之的"心静"和"体松"

在整个太极拳的锻炼过程中，不管是哪一阶段或哪一步，都要注重保持"心静""体松"这两个基本要领。它们是太极拳运动的最基本要求，对于其他要领的掌握起着保证作用，应贯串于太极拳演练的全过程。"心静"就是要思想集中，精神贯注，做到专心重意。"体松"是指身体各部位在运动中保持自然舒展，排除不必要的紧张。正确掌握这两个要领，有助于领悟太极拳的其他要领，展现太极拳的运动特点，从而提高健身和医疗的效果。

当然，在练习太极拳的不同阶段，对"心静""体松"这两个基本要求的掌握也是从低到高的，逐步加深其体会，要将它们和技术练习的其他要求紧密地联系在一起，不可割裂对待。

总之，太极拳有着悠久的历史，它不仅仅是一个体育项目，也是一项经典国粹、一本古典哲学秘籍、一门中医理论、一个健身法宝……它含蓄内敛、连绵不断、以柔克刚、急缓相间、行云流水的风格，使演练者形、神、意、气圆融统一；而其对武德修养的要求，也使习练者在强身健体的同时提高了自身修养，提升了人与自然、人与社会的融洽与和谐。

手型、步型	手法、腿法	步法变换	动作进退
虚实分明	松胯屈膝	重心稳定	轻灵沉稳

太极拳基本动作有手型、步型、手法、腿法与步法
等动作训练组成，内容丰富，体现了太极拳的基本要领。
演练时姿势要正确，动作要到位，做到立身中正、身手
合一、形随意走。

第二章
太极拳基本动作

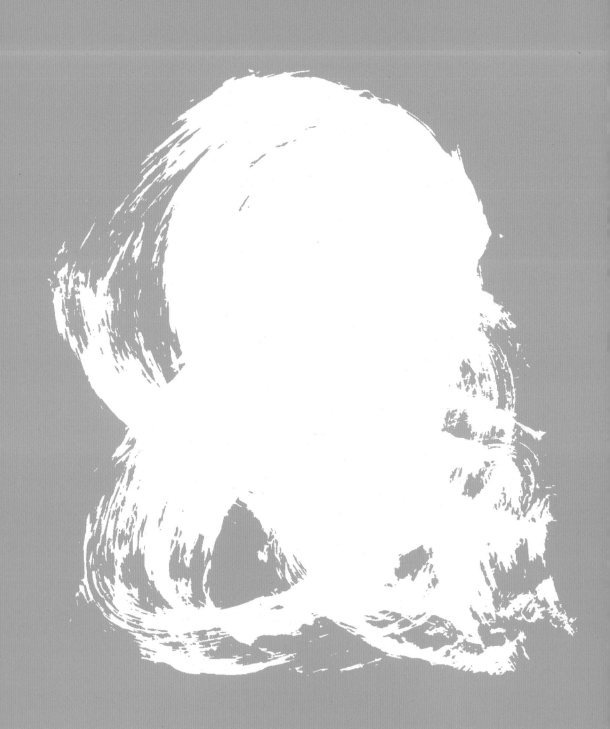

第一节
基本手型、步型与步法

一、手型

1.拳

图1

四指并拢卷曲，拇指弯曲扣押于食指和中指的第二节指骨上，手握成拳，不可太松，亦不可僵硬太紧。（图1）

拳有拳面、拳心、拳眼、拳轮、拳背。

提示：

（1）四指自然卷曲，拳面要平；

（2）拳心要实，不能空。

2. 掌

图 2

五指自然张开，舒指坐腕，虎口撑圆。（图 2）

掌有掌心、掌背、掌根、掌指。

提示：

（1）五指自然舒松，不可绷直；

（2）掌心内凹，不可外凸。

3. 勾

图 3

五指指尖自然捏拢、屈腕，即为勾手。（图 3）

勾有勾尖、勾顶。

提示：

（1）勾尖自然捏拢，不可僵直用力；

（2）屈腕保持自然，不可用力过度或直腕。

二、步型

在练习太极拳的过程中，以腿为根基，主宰于腰，迈步如猫，动作进退，轻灵沉稳；发劲要狠，架子要稳，在于下盘的稳固，因而重心的移动及落脚的位置非常重要。练拳人常讲"其根在脚，发于腿，主宰于腰，形于手"，可见腿部动作姿势正确与否及力量的强弱，关系着太极拳技术水平的高低。

1. 弓步

图4

前腿屈膝前弓，坐髋，膝盖不超过脚尖，膝与脚尖相照，脚尖向前；后腿伸直，脚尖内扣，斜45度至60度，两脚横向间距为10—20 cm。（图4）

提示：

（1）防止前弓腿不够或前弓过度，膝关节不能超出脚尖；

（2）上体端正，不前倾或后仰，以免造成凸臀或身体后仰。

2. 半马步（马步靠）

图5

两脚左右开立，前脚脚尖斜向前，后脚横向外，两腿屈膝半蹲，膝盖不超过脚尖，两脚间距为三脚半左右，重心靠一侧腿，为三七开。（图5）

提示：

（1）防止后腿膝关节内扣；

（2）不可上体前倾或重心偏前。

3. 仆步

图6

两腿分开，两脚尖向前，一腿屈膝下蹲，大小腿折叠，另一腿伸直平铺，与地面平行。（图6）

提示：

（1）屈蹲腿的膝关节与脚要在一条直线上，不可扣膝；

（2）保持两脚尖向前，平铺腿膝盖伸直，脚外沿不可掀起。

4. 虚步

图7　图8

后腿屈膝半蹲坐髋，脚尖微外展，重心在后，前腿微屈膝，脚尖（拇指侧）虚点地面，脚尖向前（可微内扣），两膝相合。（图7、8）

提示：

（1）两腿虚实分明，重心不可在中间；

（2）上体竖直，不可上体前倾或后仰。

5. 独立步

图9

一腿支撑身体，自然直立，脚尖微外展；另一腿屈膝上提，小腿、脚尖自然下垂。（图9）

提示：

（1）重心稳定，上体直立，不可前倾或后仰；

（2）屈膝腿膝高于腰，脚尖自然下垂，不可用力勾或绷脚尖。

三、步法

1. 上（进）步

两脚开立，躯干竖直，松髋屈膝，目视前方。（图 10）

重心左移，身体右转，右脚外撇，脚跟着地。（图 11）

右脚落地，重心右移，左脚收步，虚点地面。（图 12）

身体左转，左脚出步，脚跟着地，目视前方。（图 13）

图14

左脚落地，屈膝前弓，右腿蹬伸，目视前方。（图14）

提示：

（1）注意重心虚实变换，上步脚跟先着地，过渡到全脚，要轻起轻落，做到迈步如猫行；

（2）两脚横向间距10—20 cm，不可在一条直线上。

2. 退步

图 15　图 16

两脚开立，躯干竖直，松髋屈膝，目视前方。（图 15）

重心右移，右腿支撑，左脚提起，高不过踝。（图 16）

图 17　图 18

重心不变，躯干竖直，左脚后落，脚尖着地。（图 17）

躯干竖直，重心后移，左脚掌落地，目视前方。（图 18）

图 19

重心后移，左腿支撑，全脚着地，右脚跟提起。（图 19）

提示：

（1）退步时前脚经支撑脚内侧画弧向后退步，脚掌先着地，过渡到全脚落地；

（2）两脚横向间距 10—20 cm，不可在一条直线上。

3. 侧行步

图 20　　　　　　　　图 21

两脚开立，躯干竖直，松髋屈膝，目视前方。（图 20）

重心右移，左脚提起，左脚左开，脚掌点落。（图 21）

图 22　　　　　　　　图 23

重心左移，左脚落地，重心中正，屈膝半蹲。（图 22）

重心左移，躯干竖直，右脚虚点，目视前方。（图 23）

图 24　　　　　　　　　　　　　　　　　　图 25

重心不变，右脚提起，回收右腿，脚尖着地。（图 24）

右脚着地，重心中立，屈膝半蹲，目视前方。（图 25）

提示：

（1）侧行开步与肩同宽，前脚掌先着地，过渡到全脚，重心随之平移；

（2）侧行步提脚高不过踝，轻起轻落，重心平稳，不可上下起伏。

4. 跟步

图 26   图 27

两脚开立，躯干竖直，松髋屈膝，目视前方。（图 26）

重心左移，身体右转，右脚右撇，脚尖上翘。（图 27）

图 28   图 29

右脚踏实，重心前移，右腿为实，目视右前。（图 28）

重心前移，右腿支撑，左脚收提，目视左前。（图 29）

图 30

身体左转，左脚前上，脚跟着地，目视前方。（图 30）

图 31

左脚落地，重心前移，左腿屈膝，右腿蹬伸。（图 31）

图 32

重心前移，左腿支撑，屈膝半蹲，右脚上半步，脚掌着地。（图32）

提示：

（1）重心移时要平稳，上体始终保持松正；

（2）上步要轻起轻落，跟步落脚上半步，不可落脚过重，前脚为实，后脚为虚，

两脚间距15—20 cm。

第二节
基本技法（八种方法）

掤、捋、挤、按、采、挒、肘、靠是太极拳项目中基本的八种技击方法。熟练掌握这八种技法，在推手对抗中可熟能生巧，达到听劲、拿劲、发劲等对抗实战技能，最终达到太极拳技击中的人不知我、我独知人之境界。故太极拳有歌云：

掤捋挤按须认真，

上下相随人难进；

任他巨力来打吾，

牵动四两拨千斤。

从技击角度来看，掤、捋、挤、按为防守、引化的范畴，采、挒、肘、靠为进攻的范畴。这八种方法不是独立使用，而是随势相互变换、交错运用的。因此，要全面理解、掌握太极拳技击术，弄通、弄懂掤、捋、挤、按、采、挒、肘、靠这八种基本技法显得尤为重要。

一、八种技击方法

1. 掤：为向上、向前之劲

《太极拳谱》中对掤劲解释为："掤劲义何解？如水负舟行。先实丹田气，次要顶头悬。周身弹簧力，开合一定间。任尔千斤力，漂浮亦不难。"意思是说掤劲像流水一样，能够漂浮起重载的船。掤劲不是只用双手的拙力，而是将肩、肘、胯之合力传递于两手臂而形成的掤劲。掤劲如围墙，御敌于墙外，用于攻防与走化，是太极拳中的主要技法，故有人称太极拳为"掤拳"。掤劲始终贯串于太极拳动作中，也就是说太极拳处处要有掤意，要求两臂具有一种圆撑力，这种圆撑力是由内向外的膨胀力和弹性力，正如《拳诀》中所言："掤手两臂要圆撑，动静虚实任意攻。"

提示：

（1）掤劲之手臂与自己身体应保持一定的距离；

（2）掤劲在使用中应贯彻敌进我退、敌退我进的原则，并要黏着对方，且不是对抗。

2. 捋：为化劲

《太极拳谱》中对捋劲解释为："捋劲义何解？引导使之前。顺其来势力，轻灵不丢顶。力尽自然空，丢击任自然。重心自维持，莫被他人乘。"意思是指捋劲要顺着对方的来力方向，将其力引进落空，因势利导，化开对方之劲力，可变为进攻之击。

提示：

（1）需黏着对方腕肘，顺对方的劲而动，略改变其方向，防止对方采取攻势；

（2）捋时一定要轻，起牵引作用，不易使对方发觉。

3.挤：为进攻劲

《太极拳谱》中对挤劲解释为："挤劲义何解？用时有两方。直接单纯意，迎合一劲中。间接反应力，如球碰壁还。又如钱投鼓，跃跃声铿然。"意思是说当对方进攻时，应使其弹簧之力的挤劲，反弹回对方之力。"挤在手背"，是用全身合劲或长劲而发力。合劲是两手合成一劲施于对方身上，长劲是全身之劲串成一线而发之。

提示：

（1）用挤劲要封闭对方劲路，使之到死角后方可挤出；

（2）挤时一定要取横向。

4.按：为进攻劲

《太极拳谱》中对按劲解释为："按劲义何解？运用如水行。柔中寓刚强，急流势难挡。逢高则膨满，遇凹向下潜。波浪有起伏，有孔不入。"意思是说按劲像奔腾的河水，波浪起伏势难挡。发按劲关键在腰部，不能单靠手之力，正如《拳诀》中所说："按手用着似倾倒。"

提示：

（1）用按劲前应先向内、向下沉化，然后转腕向外、向前上按（推）出，按前有一化，是按的组成部分，即"意欲向外、向上，必先向里、向下"之意；

（2）按时须沉肩坠肘，不用拙力，轻轻向前按去，两手要轻灵兼备，方可有效。

5.采：采制对方的劲力

《太极拳谱》中对采劲解释为："采劲义何解？如权之引衡。任尔力巨细，权后知轻重。轻移只四两，千斤亦可称。若问理何在，杠杆作用存。"俗话说"秤砣虽小压千斤"，这正是采劲中四两拨千斤的道理。"采势"最主要的是靠掌力下采，使用内劲松向下沉，而不能靠拙力向下压。应用时一松一紧或一落即发，先沉后提或先顺后逆，在短促抓拿时，使对方来劲突然落空跌扑倒地的巧取法，就是采劲的运用。

提示：

（1）一般使用此法时先将后采，谚称"将采劲"。将要轻，采要实。故一般将引时将到对方将出重心时再顺势采发。

（2）采在十指，力点在手指。

6.挒：是一种向外横推或横挒之力

《太极拳谱》中对挒劲解释为："挒劲义何解？旋转如飞轮。投物于其上，脱然掷丈寻。急流成漩涡，卷浪若螺纹。落叶坠其上，倏尔便沉沦。"这是说挒劲好似急流漩涡，卷浪旋转，落上之物便有下沉抛出之感。"挒式"靠腰和肘的协调旋转，不可用拙力硬掰，要借对方之力和自身合力转动而发，使对方身体扭转失重，旋转而不能自主，只得被提空抛出，失去重心。

提示：

（1）发劲时上下相随，以腰为轴手到步到，完整一气；

（2）劲力发在对方的底盘处，动作要快速、敏捷，即"挒惊务相称"。

7.肘：以肘击人

《太极拳谱》中对肘劲解释为："肘劲义何解？方法计五行。阴阳分上下，虚实宜分清。连环势莫挡，开花捶更凶。六劲融通后，运用始无穷。"意思是说肘法有上、下、左、右、前、后、连环肘等用途，"肘在屈使"，用屈肘向对方心窝或其他关节部位贴身近打，发劲充足，击打十分锐利，易使对方受伤，要慎用。

提示：

（1）拳为长手，肘为短手，"肘在屈使"，用肘极易伤人，所以说"肘屈勿轻使"；

（2）用肘劲要突出一个"冲"字，迅速把劲放出去。

8. 靠：用肩、背向外击打之力

《太极拳谱》中对靠劲解释为："靠劲义何解？其法分肩背。斜飞势用肩，肩中还有背。一旦机可乘，轰然如捣碓。仔细维重心，失中徒无功。"意思是说得到时机可用肩或背靠，使用时不可失去重心而被人所牵制。靠劲多为贴身之后使出的外挤、推力。在对方用蛮力向后牵拉时，取巧而用，用之得当，能显出八面威风。

提示：

（1）靠劲，是以肩部靠人胸部为主，所以称"靠在肩胸"；

（2）用靠劲要突出一个"崩"字，多为贴身近打，所以发劲要脆、要快，用崩炸之劲。

二、太极五步

太极五步是进、退、顾、盼、定，即前进、后退、左顾、右盼、中定。一般人认为太极五步是步法，实际上它超越了步法。在套路练习时，前进、后退为步法，左顾、右盼是腿法，中定是身法；在推手对抗时，进、退、顾、盼、定都要与八种技击方法配合使用，可以说步法与技击方法相结合才是一个完整的技术动作，二者不可分割，所以它应纳入技法范围。在技击中，进、退不仅是步法的进退，也包括身体与手肘的进退；顾、盼不仅包括眼神，还包括腰、腿、手、肘之顾盼。中定是所有技法之核心，要求重心稳固，犹如磐石，只有做到"人不知我，我独知人"，才能立于不败之地。

1. 进法。在练习太极拳时，要求迈步似猫行，轻灵沉稳。用于推手对抗时，一是移动重心轻灵沉稳，二是配合八法协助发劲。

2.退法。包括防御和进攻两个方面。防御用于引进落空，如用捋式时，是积极的防御；进攻用在边退边攻，退中求攻。

3.左顾、右盼。练习太极拳时，做到眼随手走，注视手的运动方向和进攻目标，同时须顾及身体的两侧，所谓"以眼领手""以眼领身"。在推手对抗时要注意如下两点：一是要注意对方的眼神，来判断其动作的方向；二是要注意自身的周围，以寻找进攻的时机。

4.中定。中定是太极推手的核心。在推手对抗中要保持自己的中定（平衡力、稳定性），去破坏对方的中定，失去"中"，就失去稳定性。站桩是静态的平衡，练套路是自身的动态平衡，推手对抗是在双方相互作用下的动态平衡，它比自身的动态平衡难度大、变化多，不确定因素复杂。通过以上三种方法练习，能够加快技术的提高。中定的方法：一是要气沉丹田，下盘稳健；二是要以腰为轴，灵活转变，借力发力，达到稳如泰山。

第三节
呼吸配合法

　　无论做任何体育运动，人们机体的需氧量都要超过安静状态。在练习太极拳时，由于动作轻松柔和，所以增加呼吸深度就可以满足体内对氧的需要，对正常的呼吸影响并不太大。太极拳是有氧运动，要求呼吸自然，不可因为动作与机体配合不协调，而引起呼吸急促。初学太极拳，首先要注意保持自然呼吸，就是说，在做动作时，应按照自己的习惯和当时机体的需要进行呼吸，动作和呼吸不要互相约束，不可为了配合动作而改变呼吸节奏和频率。动作熟练之后，可以根据个人的锻炼体会，随着套路节奏、速度的快慢变化和动作幅度的大小，尽可能按照起吸落呼、开吸合呼的要求，使呼吸与动作自然配合。如："起势"时，两臂慢慢前平举时要吸气，

而屈膝下蹲两掌下按时则要呼气。这种呼吸方式是根据胸廓张缩和膈肌活动的变化，在符合动作要求与生理需要基础上进行的，在意念的引导下，动作与呼吸相配合，逐渐形成深长、缓慢的腹式呼吸，不断提高肺部的摄氧量，加强横膈肌活动幅度，提高心肺功能。但是，要注意不同体质的人在练习时，动作与呼吸的配合不能机械勉强、要求一律、违反人体生理自然规律，否则，会呼吸不顺畅，出现憋气情况，使动作不协调，影响身体健康。

一、起吸落呼

根据动作的起伏、升降进行呼吸配合。一般情况下，身体重心或局部肢体向上起升时吸气，向下降落时呼气。如："上步"，提脚迈步时吸气，脚跟落地后重心向前移动时呼气。

二、开吸合呼

根据动作的伸缩、收放进行呼吸配合。一般情况下，两臂向外张开时吸气，两臂向内合抱时呼气。如"开合手"，两手向外张开时吸气，两手向内合挤时呼气。又如"抱球"，两手上下画弧时吸气，两手向内合抱时呼气。

三、进吸退呼

根据动作的前进、后退进行呼吸配合。一般情况下，身体重心向前移动时吸气，重心后坐时呼气。如"野马分鬃"，重心前移弓步时吸气，重心转换向后坐时呼气。

四、发力动作的呼吸规律

在太极运动中有许多爆发用力和突然制动的动作，这类动作的呼吸要求以短促呼气或"屏气"来配合。如："掩手肱捶"，在冲拳的一刹那配合短促的呼气，以气助力。

以上要领不是彼此分离、机械运用的，而是相互联系、相互协调的。在练习中如果不能静心用意、精神贯注，也就难以使意念与动作相结合，就达不到连贯圆活的要求。如果虚实与重心掌握不好，过分紧张，也不可能做到动作协调、完整一体，从而呼吸也就谈不上自然，与动作无法协调配合，难以达到行云流水的境地。

动作柔和	舒展大方	虚实分明
中正自然	上下相随	连贯圆活

二十四式太极拳动作柔和、缓慢、圆活、连贯，练习起来要求精神贯注、中正自然、舒展大方、上下相随、虚实分明、均匀连贯，动作运行路线处处走弧形，整套演练起来如行云流水，连绵不断。

第三章

二十四式太极拳动作教学

二十四式太极拳也称简化太极拳，是中华人民共和国成立后为了增强人民体质，便于在广大群众中推广太极拳而创编的简易太极拳套路。它是在传统太极拳的基础上，按照由简到繁、由易到难的原则，删繁就简，由浅入深，内容简明，易学易练，便于普及推广。二十四式太极拳也因此走出国门、走向世界，其习练人数之多，流传地域之广，是其他拳种无法比拟的，也是全世界普及最广的一套拳术。

　　二十四式太极拳动作柔和、缓慢、圆活、连贯，练习起来要求精神贯注、中正自然、舒展大方、上下相随、虚实分明、均匀连贯，动作运行路线处处走弧形，整套演练起来如行云流水，连绵不断。

　　二十四式太极拳的诞生，使古老的太极拳随着时代的步伐，与时俱进，走进寻常百姓家，为人类社会的健康和幸福带来了福祉。二十四式太极拳的诞生在武术史上具有划时代的影响，具有里程碑的意义。

第一节
二十四式太极拳动作名称

1. 起势

2. 左右野马分鬃

3. 白鹤亮翅

4. 左右搂膝拗步

5. 手挥琵琶

6. 左右倒卷肱

7. 左揽雀尾

8. 右揽雀尾

9. 单鞭

10. 云手

11. 单鞭

12. 高探马

13. 右蹬脚

14. 双峰贯耳

15. 转身左蹬脚

16. 左下势独立

17. 右下势独立

18. 左右穿梭

19. 海底针

20. 闪通臂

21. 转身搬拦捶

22. 如封似闭

23. 十字手

24. 收势

二十四式太极拳动作图解

预备势

图 33

身体直立，两脚并拢，头正颈直，下颌微收，舌抵上腭，两臂下垂，静心凝神，目视前方。
（图 33）

提示：

①身体自然直立，两臂下垂，两手放松轻贴大腿两侧；

②排除杂念，调整呼吸，静心用意。

1. 起势

①上体直立，呼气下沉，屈膝松髋，重心下沉。（图 34）
②重心右移，左脚提起，开步肩宽，前掌着地。（图 35）

③重心中移，全脚着地，身体直立，目视前方。（图 36）
④两臂前举，高与肩平，宽于两肩，掌心向下。（图 37）

图 38

⑤屈膝下蹲，两掌下按，高与腹平，目视前方。（图 38）

提示：

①开步要前脚掌先着地，过渡到全脚，同时重心移动至中立；

②两臂由下至上缓慢前举，掌心向下，以手带肘，以肘带肩，同时吸气；

③沉肩坠肘，两掌下按，以肩带肘，以肘带手，同时呼气下沉。

2. 左右野马分鬃

(1) 左野马分鬃

①重心左移，上体微右转，右手上摆，高与胸平，左掌左分，掌心向下。目视右前方。（图39）

②身体左转，重心右移，右腿支撑，左脚右收，右掌环抱，高与胸平，左手翻掌，画弧于腹前，两掌心相对。（图40）

③上体左转，左脚提起，左前上步，脚跟着地，脚尖翘起，重心移于右腿。目视前方。（图41）

④左脚踏实，全脚掌着地，左腿屈膝，重心前移，圆裆撑胯，两掌相合，掌高与胸平。目视前方。（图42）

图43

⑤身体左转，重心前移，右腿蹬伸成左弓步。两手分掌，左上右下，左手高于下巴，掌心斜上。（图43）

（2）右野马分鬃

图44

①重心后移，屈髋后坐，左脚勾起，左手翻掌，曲臂收掌，掌心斜下。（图44）

图 45　　　图 46

②左脚外撇，全脚落地，身体左转，重心前移，左腿屈弓，右腿蹬伸，脚跟提起。左掌下按，右掌环抱，置于腹前。（图45）

③重心前移，身体左转，左腿支撑，右脚上前，脚跟着地。两掌环抱，左掌于胸前，右掌于腹前。（图46）

图 47　　　图 48

④右脚踏实，全脚着地，右腿屈膝，重心前移，圆裆撑胯，两掌相合。（图47）

⑤身体右转，重心前移，左腿蹬伸成右弓步。两手分掌，右上左下，右手高于下巴，掌心斜上。（图48）

(3) 左野马分鬃

图 49　　　　　　　　　　　　图 50

①重心后移，屈髋后坐，身体右转，右脚勾起，右手翻掌，曲臂收掌，掌心斜下。（图 49）

②右脚外撇，全脚落地，重心前移，右腿屈弓，左腿蹬伸，脚跟提起，右掌下按，左掌环抱，置于腹前。（图 50）

图 51　　　　　　　　　　　　图 52

③上体微左转，右腿支撑，左脚提起，左前上步，脚跟着地，脚尖翘起，目视前方。（图 51）

④左脚踏实，全脚着地，左腿屈膝，重心前移，圆裆撑胯，两掌相合，目视前方。（图 52）

图 53

⑤身体左转，重心前移，右腿蹬伸成左弓步。两手分掌，左上右下，左手高于鼻，掌心斜上。
（图 53）

提示：

左野马分鬃

①转体与两手臂抱球（环抱）动作同时进行，协调一致；

②两手臂抱球（环抱），手臂走弧形完成，两手松而不软；

③左脚收至右脚内侧，相距 5—10 cm，前脚掌着地；

④左脚斜上步，正落脚，两脚横向间距 25 cm 左右，两脚不可落在一条直线上；

⑤弓步时以腰脊转动，左弓右蹬，两手前后分掌，协调完成；

⑥左手掌心斜向上，力点于前臂外侧，为靠的动作，右手向右下分按，采至右胯，掌心向下，指尖向前，舒指坐腕。

右野马分鬃

① 转身翘脚，重心平稳后移，上体正直，不可起伏；

② 重心前移收右脚，同时完成抱球（环抱）动作；

③ 欲左先右、欲前先后是特点，虚实转换要分明；

④ 连续上步是重点，上步提脚高不过踝，轻起轻落如猫行；

⑤ 其他要点同左野马分鬃。

3. 白鹤亮翅

图 54　　　　　　　　　　　　　　　　图 55

①上体左转，重心前移，左腿支撑，右脚提起，左臂平屈，置于胸前，掌心向下；右手画弧，腹前抱球，掌心向上。目视前方。（图 54）

②右脚跟进，前上半步，脚掌着地，过渡全脚。重心右移，屈膝后坐。目视前方。（图 55）

图 56

③右腿支撑，上体微右转，右手上挑，虎口向上，手高于头；左掌护臂，左腿提起。目视右手。（图 56）

图 57

④身体转正，左脚落地，脚尖前点成左虚步。两手分掌，右手上提于右额前，掌心向内；左掌下按于左髋旁，指尖向前。（图 57）

提示：

①右脚上步为跟步，脚掌着地轻轻落，同时上体微左转，两手相合于体前；

②重心后移向下坐，右脚外撇 60 度以内，膝与脚尖两相照，左脚提起轻前点；

③两手上下挑分掌，身体右转带臂膀，左掌下按指向前，右掌心对准太阳穴，虚步姿势体端正，目视前方须自然。

4. 左右搂膝拗步

（1）左搂膝拗步

图 58   图 59

①上体微左转，右手下落，摆掌于体前，掌心斜上。目视右手。（图 58）

②右手左下落，经腹至右髋翻掌下按，掌至右髋，上体右转。左手画弧，由左向上至右胸前。（图 59）

图 60   图 61

③上体右转，右掌上托，掌心向上，左臂弯曲，掌向下按于右腋前，回收左脚至右脚侧，脚尖着地。目视右手。（图 60）

④上体左转，左脚前迈，脚跟着地。同时转头，右臂弯曲，右手置于耳侧；左掌下按于腹前方，指尖向右。目视前方。（图 61）

图 62

⑤重心前移，左腿屈弓，右腿蹬伸成左弓步。右手前推，高与鼻平；左手向下，搂过左膝，落左膝旁，指尖向前。目视前方。（图62）

（2）右搂膝拗步

图 63

①重心右移，右腿屈膝，上体后坐，左脚翘起。（图63）

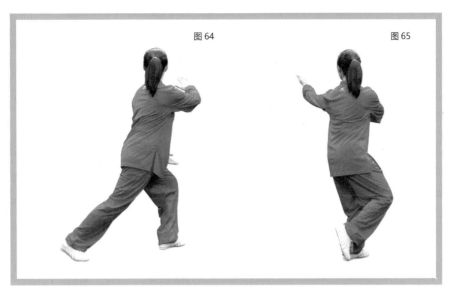

图 64   图 65

②身体左转，左脚外撇，逐渐踏实。左腿前弓，重心左移，右脚跟起，两手翻掌，掌心相对。目视左前方。（图 64）

③重心前移，左腿支撑，右脚前收至左脚侧。左掌上托；右掌下按至左腋前。目视左前方。（图 65）

图 66   图 67

④上体微右转，右脚前上，脚跟着地。同时转头，左臂弯曲，左手置于耳侧，右掌下按至腹前，指尖向左。目视前方。（图 66）

⑤重心前移，身体转正，右腿屈弓，左腿蹬伸成右弓步。左手前推，高与鼻平；右手向下，搂过右膝，落右膝侧，指尖向前。目视前方。（图 67）

(3) 左搂膝拗步

图 68　　　　　　　　图 69

①左腿屈膝，上体后坐，重心左移，右脚翘起，上体不变。（图 68）
②身体右转，右脚外撇，逐渐踏实。右腿前弓，重心右移，左脚跟起。两手翻掌，掌心相对。
目视右前方。（图 69）

图 70　　　　　　　　图 71

③重心前移，右腿支撑，左脚前收，至右脚侧。右掌上托；左掌下按至右腋前。目视右手。
（图 70）
④上体微左转，左脚前迈，脚跟着地。同时转头，右臂弯曲，右手置于耳侧，左掌下按
于腹前方，指尖向右。目视前方。（图 71）

图 72

⑤重心前移，身体转正，左腿屈弓，右腿蹬伸成左弓步。右手前推，高与鼻平；左手向下，搂过左膝，落左膝侧，指尖向前。目视前方。（图 72）

提示：

①上步步法要求同野马分鬃，注意虚实转换要轻灵；

②上步重心须平稳，动作连贯要协调，左弓步时右推掌，同时左手绕左膝搂（画弧）；

③搂膝拗步腰带动，脊柱转动带四肢，协调全身是关键；

④搂膝推掌须舒指，展腕须要虎口圆，掌根前顶腕肘沉，含胸实腹肩要松。

5. 手挥琵琶

图 73

①右脚向前，跟进半步，脚掌着地，过渡全脚。（图 73）

图 74

②上体右转，重心右移，右腿支撑，左脚提起，左手上挑，右臂回收于胸前。（图 74）

图 75

③左脚前落,脚跟着地,脚尖上翘,重心后坐。上体微左转,两臂相合,两掌相对,左前右后。目视前方。（图 75）

提示:

①左脚提起,左手上挑,同时腰部带动身体右转,三动合一;

②左脚跟着地,两臂合抱,同时身体左转,完成手挥琵琶;

③定势两臂呈弧形,要顶头、沉肩、上体直,呼气下沉,松胸实腹。

6. 左右倒卷肱

图 76　　　　　　　　　　　图 77

①上体右转，右手画弧，经由腹前、右后侧平举，双臂微屈，左手翻掌，掌心向上。眼随手动，平视右掌。（图76）

②向左转头，右臂屈肘，掌至耳侧，掌心斜下，左脚提起。目视前方。（图77）

图 78　　　　　　　　　　　图 79

③左脚退步，经右内踝，脚掌着地，上体不变。（图78）

④左脚踏实，重心后移，右掌前推，左臂屈肘，向后回收。两掌相交于胸前。（图79）

图 80   图 81

⑤ 上体微左转成右虚步。右掌前推，掌根发力；左掌回收于左腰腹侧，掌心向上。目视右掌。（图 80）

⑥上体左转，左掌画弧，经由腹前、左后侧平举，右手翻掌，两掌心向上。眼随手动，目视左掌。（图 81）

图 82   图 83

⑦上体右转，转头前视。左臂屈肘，掌至耳侧，掌心斜下，右脚提起。目视前方。（图 82）

⑧右脚退步，经左内踝，脚掌着地，上体不变。（图 83）

图 84　　　　　　　　　　　　图 85

⑨右脚踏实，重心后移，左掌前推，右臂屈肘向后回收，两掌相交于胸前。（图84）

⑩上体微右转，重心后坐成左虚步。左掌前推，右掌回收于右腰腹侧，掌心向上。目视左掌。

（图85）

图 86　　　　　　　　　　　　图 87

⑪上体右转，右掌画弧，经由腹前、右后侧平举，左手翻掌，两掌心向上。眼随体转，

目视右掌。（图86）

⑫上体左转，转头前视，右臂屈肘，掌至耳侧，掌心斜下，左脚提起。目视前方。（图

87）

图88　　　　　　　　　　　　　图89

⑬左脚退步，经右内踝，脚掌着地，上体不变。（图88）

⑭左脚踏实，重心后移，右掌前推，左臂屈肘，向后回收，两掌相交于胸前。（图89）

图90　　　　　　　　　　　　　图91

⑮上体微左转成右虚步。右掌前推，掌根发力；左掌回收于左腰腹侧，掌心向上。目视右掌。
（图90）

⑯上体左转，左掌画弧，经由腹前、左后侧平举，右手翻掌，两掌心向上。眼随体转，
目视左掌。（图91）

图 92　　　　　　　　　　图 93

⑰上体右转，转头前视。左臂屈肘，掌至耳侧，掌心斜下，右脚提起。目视前方。（图 92）

⑱右脚退步，经左内踝，脚掌着地，上体不变。（图 93）

图 94

⑲右脚踏实，重心后移，左掌前推，右臂屈肘，向后回收，两掌相交于胸前。（图 94）

图95

㉔上体微右转，重心后坐，成左虚步。左掌前推，右掌回收于右腰腹侧，掌心向上。目视左掌。（图95）

提示：

①退步脚掌先着地，过渡全脚移重心，推掌退步须同时，上下协调须一致；

②两脚退步不可走直线，须经内踝向外开，两脚横向10 cm，下盘稳固最重要；

③退步不可有起伏，上体平稳须松正，眼随手走显精神。

7. 左揽雀尾

图 96　　　　　　　　　　　　　图 97

①上体右转，右手画弧，右平摆臂，左臂下摆，掌心向下。目视前方。（图 96）
②左腿提起，向右回收，右臂屈肘，掌心向下，置于胸前，左手画弧，逐渐翻掌，掌心向上，置于腹前。两掌相对，成抱球状。（图 97）

图 98　　　　　　　　　　　　　图 99

③上体左转，左脚迈出，脚跟着地，脚尖翘起。同时转头，目视左前方。（图 98）
④左脚踏实，左腿屈膝，重心前移，圆裆撑胯，两掌相合于胸前。（图 99）

图 100

图 101

⑤右腿蹬伸，重心前移成左弓步。两手分掌，左臂掤出，高与肩平，掌心向内，右掌下按，落于右髋，掌心向下，指尖向前。（图100）

⑥上体左转，左臂微伸，掌向前送，右掌前随，掌心向下。目视左掌。（图101）

图 102

图 103

⑦两手翻掌，掌心相对，身体右转，重心后移，以腰带臂，两掌下捋，高于胸部。（图102）

⑧重心后移，左腿蹬伸，身体右转，以腰带臂，两掌下捋，高于腹部。（图103）

图 104　　　　　　　　　　图 105

⑨上体右转，右手画弧，高与肩平，左臂平屈，置于胸前。眼随手走，目视右掌。（图104）

⑩身体左转，同时摆头。右臂屈肘，胸前搭腕。左掌心向内，拇指向上；右掌心向外，指尖斜上。目视前方。（图105）

图 106　　　　　　　　　　图 107

⑪重心前移，左腿屈膝，右腿蹬伸成左弓步。两臂微伸，两掌前挤。（图106）

⑫两手翻掌，掌心向下，成十字手。目视前方。（图107）

图 108　　　　　　　　　　　　　　　　图 109

⑬两掌平分，与肩同宽，与肩同高，两臂微伸。（图 108）

⑭体微右转，重心后移，右腿屈膝，左腿蹬伸，脚尖翘起。两臂弯曲，两手回带，高与胸平。

（图 109）

图 110

⑮重心下沉，两掌回收，腹前下按，指尖向前。目视右前下方。（图 110）

图 111

⑯重心前移，左脚踏实，左膝前弓，右腿蹬伸成左弓步。两掌前按，掌心向前。目视前方。
（图 111）

提示：

①该动作步型出现了左、右弓步转换，出现了手法中的掤、捋、挤、按四种方法；

②在掤、捋、挤、按动作过程中，身体重心转换要求平稳，不可上下起伏，同时，
肢体协调配合，手到、步型到、眼到；

③掤时两臂成弧形，分掌、松腰、弓步要协调一致；

④下捋上体不前倾，臀部内敛不外凸；两臂下捋随腰转，处处弧线要记牢；

⑤前挤上体要端正，前挤、松腰、弓步须合一；

⑥按掌两手走弧线，两肘微屈掌立起，按劲需要整体力，力达掌根气下沉。

图 112 　　　　　　　　　　　　图 113

①身体右转，重心右移，右腿屈膝，左腿蹬伸，脚尖上翘，向内扣脚，两掌平分，高与肩平。（图 112）

②左脚内扣，全脚着地，身体右转，重心右移，右掌下按。眼随手走，目视右前方。（图 113）

图 114 　　　　　　　　　　　　图 115

③重心左移，左腿支撑，右脚提起，回收于左踝。左臂弯曲，环抱于胸前，右掌向下画弧于腹前，成抱球状。目视左掌。（图 114）

④右脚前落于右前方，脚跟着地，脚尖翘起。（图 115）

图116　　　　　　　　　图117

⑤右脚踏实，右腿屈膝，重心前移，圆裆撑胯，两掌相合于胸前。（图116）

⑥左腿蹬伸，重心前移成右弓步。两手分掌，右臂掤出，高与肩平，掌心向内，左掌下按，落于左髋，掌心向下，指尖向前。（图117）

图118　　　　　　　　　图119

⑦上体右转，右臂微伸，右掌向前送，左掌前随，掌心向下。目视右掌。（图118）

⑧两手翻掌，掌心相对，身体左转，重心后移，以腰带臂，两掌下捋高于胸部。（图119）

图 120　　　　　　　　　　图 121

⑨重心后移，右腿蹬伸，身体左转，以腰带臂，两掌下捋，高于腹部。（图120）

⑩上体左转，左手画弧，高与肩平，右臂平屈，置于胸前。眼随手走，目视右掌。（图121）

图 122　　　　　　　　　　图 123

⑪身体右转，同时摆头，左臂屈肘，胸前搭腕。右掌心向内，拇指向上；左掌心向外，指尖斜上。目视前方。（图122）

⑫重心前移，右腿屈弓，左腿蹬伸成右弓步。两臂微伸，两掌前挤。（图123）

图 124　　　　　　　　　图 125

⑬两手翻掌，掌心向下，成十字手。目视前方。（图 124）

⑭两掌平分，与肩同宽，与肩同高，两臂微伸。（图 125）

图 126　　　　　　　　　图 127

⑮体微左转，重心后移，左腿屈膝，右腿蹬伸，脚尖翘起。两臂弯曲，两手回带，高与胸平。

（图 126）

⑯重心下沉，两掌回收，腹前下按，指尖向前。目视左前下方。（图 127）

图 128

⑰重心前移，右脚踏实，右膝前弓，左腿蹬伸成右弓步。两掌前按，掌心向前。目视前方。（图 128）

提示：

右揽雀尾要求同左揽雀尾。

9. 单鞭

图 129　　　　　　　　　　　图 130

①重心左移，身体左转，左腿屈膝，右腿伸直，右脚内扣，脚尖翘起。左掌左摆，画弧于胸前，掌心向外；右掌向下，掌心向左。（图 129）

②上体左转，重心左移，右脚踏实。左掌左摆于左前方，掌心向外；右掌向左画弧于腹前，掌心向上。目视左掌。（图 130）

图 131　　　　　　　　　　　图 132

③上体右转，重心右移，右腿屈膝。右掌上穿，掌心外翻，向右摆掌至右前方，指尖向上；左掌向下画弧于腹前，掌心向上。眼随右手。（图 131）

④上体右转，重心右移，左脚右收至右脚侧，脚掌着地。右掌勾手，腕高于肩，左掌由下向右画弧，至右腋前。目视右手。（图 132）

图 133　　　　　　　　　　　　　　　　　图 134

⑤上体左转，重心下沉，左脚向左迈步出脚，脚跟着地。左掌向左平行摆掌。眼随手动。
（图 133）

⑥重心左移，身体左转，左腿屈膝，右腿伸直，右脚内扣成左弓步。左掌左摆，翻腕推
掌成左单鞭。目视左前方。（图 134）

提示：

①单鞭动作完成时，左腿、左手方向一致、同时到位；

②两臂微屈成弧形，不可绷直，左掌指高于鼻，右勾手高于肩；

③动作过程要以腰带臂，舒松圆活，眼随手动；

④动作结束要松腰、松胯、沉气，同时沉腕、舒指，目视前方。

10. 云手

图 135　　　　　　　　　　　　　图 136

①上体右转，重心右移，左脚内扣，脚尖翘起。左手画弧，由上到下，由左至腹，掌心向上。
目视右前。（图135）

②左脚踏实，重心左移。左手向上，弧线摆掌，掌心向内；右勾变掌，向下摆按。目视左前。
（图136）

图 137　　　　　　　　　　　　　图 138

③上体左转，重心左移，右脚跟起。左掌云手，翻掌左摆，掌心向外；右手翻掌，向左画弧，
掌心向上。目视左前方。（图137）

④两手画弧，向左云手，右脚向左，屈膝并步。目视左前方。（图138）

图 139　　　　　　　　　　　　　图 140

⑤上体右转，身体中正，右手左上画弧摆掌至体前方，掌心向内，左掌向下画弧摆掌。
目视前方。（图 139）

⑥重心右移，上体右转，左脚开步，脚掌着地。右手翻掌，向右云手至体右前；左掌经
腹画弧于右前，掌心向上。目视右掌。（图 140）

图 141　　　　　　　　　　　　　图 142

⑦左脚踏实，重心左移，重心中立。左手向上，弧线摆掌，掌心向内；右掌向下，画弧摆按。
目视右前方。（图 141）

⑧上体左转，重心左移，右脚跟起。左掌向左云手，右手翻掌，向左画弧，掌心向上。
目视左前方。（图 142）

图 143　　　　　　　　　　　图 144

⑨两手画弧，向左云手，右脚向左，屈膝并步。目视左前方。（图 143）

⑩上体右转，身体中正，右手左上画弧摆掌至体前方，掌心向内，左掌向下，画弧摆掌。
目视前方。（图 144）

图 145　　　　　　　　　　　图 146

⑪重心右移，上体右转，左脚开步，脚掌着地。右手翻掌向右云手至体右前；左掌经腹
前画弧于右前，掌心向上。目视右掌。（图 145）

⑫左脚踏实，重心左移，身体中立，左手向上弧线摆掌，掌心向内，右掌向下画弧摆按。
目视右前方。（图 146）

图 147   图 148

⑬上体左转，重心左移，右脚跟起。左掌向左云手，右手翻掌，向左画弧，掌心向上。
目视左前方。（图 147）
⑭两手画弧，向左云手，右脚向左，屈膝并步。目视左前方。（图 148）

提示：

①云手侧行步轻起轻落，前脚掌拇指侧着地，然后全脚落地，开步 20 cm 左右；

②以腰带臂，云手体前立圆，手高不过眼，低不过腹，重心平稳不起伏；

③两手交错左右画弧做云手，右手旋臂翻掌开左步，左手旋臂翻掌并右步，并步
间距 10 cm；

④腰脊转动体中正，不可俯仰乱摆动，眼随手动须平视，低头弯腰艺不高。

11. 单鞭

图 149　　　　　　　　图 150

①上体右转，身体中正。右手左上画弧摆掌至体前方，掌心向内；右掌向下画弧摆掌。
目视前方。（图 149）
②上体右转，重心右移，左脚跟起。右掌云手至体右前，旋臂翻掌，掌心向外；左掌画
弧至右腹前，掌心向上。眼随右手。（图 150）

图 151　　　　　　　　图 152

③右掌屈腕，五指并拢成右勾手，腕高于肩；左掌由下向右上摆至右腋前，掌心向内。
目视右手。（图 151）
④上体左转，重心下沉，左脚向左迈步出脚，脚跟着地，左掌向左，平行摆掌。眼随手动。
（图 152）

图 153

⑤重心左移，身体左转，左腿屈膝，右腿伸直，右脚内扣成左弓步。左掌左摆，翻腕推掌成左单鞭。目视左前方。（图153）

提示：

同第九式单鞭动作的要求。

12. 高探马

图 154　　　　　　　　　　　图 155

①重心前移，左腿支撑，右脚向前跟进半步，脚掌着地。两臂外旋，翻掌向上，高与肩平，头向右转。目视右前方。（图 154）

②上体左转，向左转头，重心后移，右腿支撑，屈膝后坐。右臂屈肘，掌至耳侧，指尖斜上。目视前方。（图 155）

图 156

③右腿支撑，左脚提起，高不过踝。左臂回抽，右掌前推，两掌相合，高于胸部。目视前方。（图 156）

图 157

④上体左转，左脚前落，虚点地面成左虚步。右掌前推，指尖向上，力达掌根；左臂弯曲，掌收于腰腹。（图 157）

提示：

①右腿跟步上半步，同时旋臂翻掌、转头向右瞧；

②左脚提起前落，脚尖拇指点地；

③推掌由耳侧向前方推按，力达掌根小拇指。

13. 右蹬脚

图 158　　　　　　　　　　图 159

①左掌前穿，两手交叉，手背相对。左掌在上，右掌在下。目视前方。（图 158）
②身体左转，右腿支撑，左脚提起，左臂内旋，翻掌下按，两肘外撑，两掌心向下。（图 159）

图 160　　　　　　　　　　图 161

③左脚前上，脚跟着地，重心下沉。两掌外分，手高于鼻。目视前方。（图 160）
④重心前移，左腿屈膝，右腿蹬伸，两手分掌，向外画弧，掌心向前。目视右掌。（图 161）

图 162

⑤重心前移，左脚支撑，右脚提起，两掌侧分，向下画弧，腹前环抱，掌心相对。目视前方。
（图 162）

图 163

⑥左腿支撑，右腿屈膝，独立提膝。两掌经下腹前画弧，相交合抱，举至胸前。右手在外，
两掌心向内。（图 163）

图164

⑦左腿支撑，右腿蹬脚，脚尖勾起，力达脚跟。两臂内旋，两掌翻转，画弧分掌。右掌右前，左掌左后，两掌心向外。目视右掌。（图164）

提示：

①两掌环抱，由上向下成立圆；

②分掌由胸经头，旋臂弧形推，两臂平稳高于肩，肩要松沉，肘要坠；

③提膝蹬脚要连贯，力达脚跟须自然，蹬腿方向为右前30度；

④支撑腿来要站稳，上体中正莫俯仰；

⑤须要做到四一致：穿掌上步要一致，弓步分手要一致，收脚抱手要一致，蹬脚
分手撑臂要一致。

14. 双峰贯耳

图 165 　　　　　　　　　　　　　　　图 166

①右腿屈膝，提膝独立，脚尖向下，自然下垂。目视右掌。（图 165）

②上体右转，左腿弯曲，重心后坐，右脚下落，脚跟着地。左手前摆，两掌相合，手高于胸，掌心向上。（图 166）

图 167

③右脚尖落下，重心前移，两手翻转，两掌变拳，向下画弧，落于右膝侧。眼随右手。（图167）

图168

④重心前移，右膝弯曲，左腿蹬伸成右弓步。两拳向上，经由身体两侧，两臂内旋，向前贯打，两拳相对，高与耳齐，拳眼斜下。目视前方。（图168）

提示：

①弓步方向与蹬脚方向一致，为右前30度；

②应先屈左膝降重心，再落右脚，先后顺序要记牢；

③两拳经腰向前上画弧贯打对方额角（太阳穴）；

④要腿到、手到、眼到，沉肩坠肘，不能缩脖、夹臂、低头弯腰或挺胸塌腰。

15. 转身左蹬脚

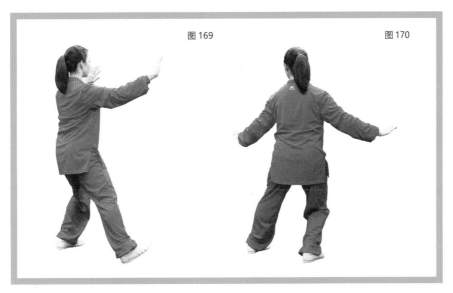

图 169　　　　　　　　　　　　　图 170

①左腿屈膝，随即后坐，重心左移，上体左转，右脚内扣，脚尖翘起。两拳变掌，向外画弧。目视前方。（图169）

②右脚踏实，重心右移，屈膝后坐。两掌体侧，向下画弧，掌心向下。目视左前方。（图170）

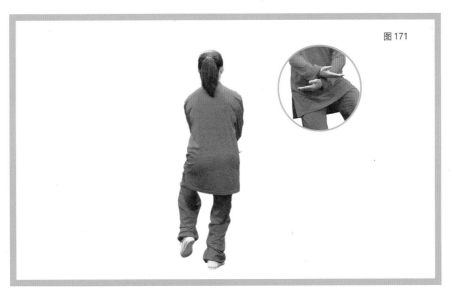

图 171

③重心右移，右腿支撑，左脚内收，提于右踝。双手画弧，腹前相合，两手交叉，右上左下。目视前下方。（图171）

图 172　　　　　　　　　图 173

④右腿直立，左膝弯曲，独立提膝，两掌环抱举至胸前。左手在外，两掌心向内。（图 172）

⑤右腿支撑，左腿蹬脚，脚尖勾起，力达脚跟。两臂内旋，两掌翻转，画弧分掌，左掌左前，右掌右后，两掌心向外。目视左掌。（图 173）

提示：

①与第 13 式右蹬脚方向对称，其中轴线保持在 40 度的斜方向；

②转身时，扣脚要充分，保持身体正直；

③余同右蹬脚。

16. 左下势独立

图 174　　　　　　　　　　图 175

①左腿屈膝，提膝独立。上体右转，右掌变勾，左臂弯曲，摆掌画弧至右肩前，指尖向上。目视右前方。（图 174）
②右腿屈膝，左腿落步于体后方成右弓步。（图 175）

图 176　　　　　　　　　　图 177

③身体左转，右腿全蹲，左腿平铺成左仆步。左手下落，向前穿出。目视左前方。（图 176）
④重心前移，左腿前弓，右腿蹬伸成左弓步。左手前穿，拇指向上；右臂内旋，勾尖向上，置于身后。（图 177）

图178

⑤重心前移，左腿独立，右膝上提。右臂屈肘，上挑于胸前，指尖向上；左掌下按于左胯侧。

（图178）

提示：

①屈左腿、屈左臂、头右转同时完成，右勾手方向为侧后方45度左右；

②仆步穿掌，左掌沿左腿内侧穿出，上体微前倾30度，以助其势；

③仆步转换为独立步时左脚外撇，五趾抓地，稳定重心；

④独立步动作要与提膝和挑掌同时到位，支撑腿微屈，提膝腿上提过腰，小腿内收，脚尖下垂，上体正直，头颈微上顶。

17. 右下势独立

图179　　　　　　　　　　　　　图180

①身体左转，右脚下落，脚尖内扣，脚掌着地。目视右掌。（图179）
②左掌变勾，左后上提，高与肩平；右掌左摆，置于左肘。同时转头，目视左前方。（图180）

图181　　　　　　　　　　　　　图182

③左腿屈膝，右腿后伸，重心下移成左弓步。（图181）
④身体右转，左腿全蹲，右腿平铺成右仆步。右手下落，向前穿出。目视右前方。（图182）

图 183

⑤重心前移，右腿前弓，左腿蹬伸成右弓步。右手前穿，拇指向上，左臂内旋，勾尖向上，置于身后。（图 183）

图 184

⑥重心前移，右腿独立，左膝上提。左臂屈肘，上挑于胸前，指尖向上；右掌下按于右胯侧。（图 184）

提示：同左下势独立。

18. 左右穿梭

图 185　　　　　　　　　　　　　　　　图 186

①身体左转，左脚落地，重心前移，两手相对，成抱球状。（图 185）
②重心前移，左腿支撑，右腿提起，身体右转，右脚斜上步，脚跟着地。右臂内旋向上架举，左掌回收至左腰间。目视右前方。（图 186）

图 187　　　　　　　　　　　　　　　　图 188

③右脚踏实，右腿屈膝，左腿蹬伸成右弓步。右手架掌，掌心斜上；左掌前推，指尖向上，力达掌根，高与鼻平。目视左手。（图 187）
④重心前移，右腿支撑，左脚跟起，两掌下摆，掌心向下。（图 188）

图 189

⑤右腿支撑，屈膝下沉，左脚回收于右踝侧。两手抱球，右上左下。目视右前方。（图 189）

图 190

⑥身体左转，左脚迈出，脚跟着地。左臂内旋，向上架举；右掌回收至右腰间。目视左前方。（图 190）

图191

⑦左脚踏实，左腿屈膝，右腿蹬伸成左弓步。左手架掌，掌心斜上；右掌前推，指尖向上，力达掌根，高与鼻平。目视右手。（图191）

提示：

①左右穿梭为拗步推掌，其弓步方向是左右的斜前方，与中轴线成30度；

②推掌与弓步方向一致，不可过窄，左掌架于额头前上方；

③右穿梭转接左穿梭时，重心微后移（坐）再向前移。

19. 海底针

图 192　　　　　　　　图 193

①重心前移，右脚向前跟进半步。目视前方。（图 192）

②上体右转，重心后移，屈膝后坐。左掌下按于胸前方，右掌回收于右胯前。目视左掌。

（图 193）

图 194

③右腿支撑，左脚提起，左掌下按于左膝侧，右掌上提于右耳侧，掌心向左，指尖向前。

（图 194）

图 195

④身体左转，向前俯身，左脚前点成左虚步。右掌由耳前下插掌，掌心向左；左掌下按，至左膝侧。（图 195）

提示：

① 海底针上体前倾不能超过45度，不能弯腰、驼背，动作路线的方向调整为正前方；

②两掌路线为弧形体前立圆，右手插掌，指尖向下，不能做成劈掌动作；

③左右穿梭为左右斜30度，海底针为正前方。

20. 闪通臂

图 196 图 197

①上体直立，微向右转，右掌上提，左掌护腕。目视前方。（图 196）
②右腿支撑，左脚提起，两手分掌，右掌上架，左掌回收于左腹前。（图 197）

图 198

③上体右转，左脚前上，脚跟着地。目视左前方。（图 198）

图 199

④左脚踏实，左腿屈膝，右腿蹬伸成左弓步。左掌前推，高与鼻平，手心向前；右掌上架。目视前方。（图 199）

提示：

① 闪通臂弓步推掌为顺弓步，步型不能过大，以免影响下一动作的转换；

②架推掌动作不能过分伸展，两臂呈弧形。

21. 转身搬拦捶

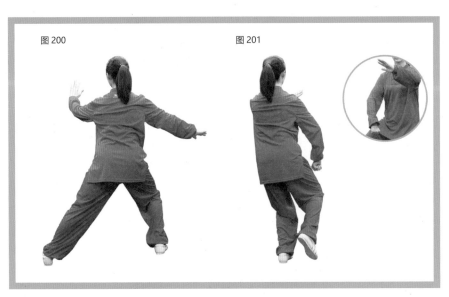

图 200　　　　　　　　图 201

①上体后坐，重心右移，左脚内扣，身体右转，两手右摆，掌心向下。目视前方。（图200）

②重心左移，左腿屈膝，右脚提起。右手握拳，向下摆落，拳面向下；左掌画弧于胸前。（图201）

图 202　　　　　　　　图 203

③上体右转，右拳经腹前屈臂上提，拳心向下，左掌下按于左髋前。（图202）

④重心下沉，右脚前落，脚跟着地。右拳翻转，向前搬出，拳心向上，右臂前伸，与肩同高。目视右拳。（图203）

图 204　　　　　　　　　　　　　　　　　图 205

⑤右脚尖外撇，落地踏实，重心前移，右腿屈膝，向前弓步，左腿蹬伸。右臂内旋，拳心向下，向外画弧于体右侧；左手上提，画弧拦出，至体前方，掌心向右。（图 204）

⑥重心前移，右腿支撑，左脚提起。（图 205）

图 206

⑦左脚前上，脚跟着地，重心下沉。左掌前推，指尖向上；右拳收于腰，拳心向上。（图206）

图207

⑧重心前移，左腿前弓成左弓步。右手冲拳，拳眼向上，高与胸平；左掌护右臂。目视右拳。
（图207）

提示：

①搬拦捶是身体向后转，转身要虚实分明，转换轻灵，重心平稳，身体中正；

②转身落右脚须外撇，并与搬右拳同时完成；

③拦掌与收拳要协调一致，动作以腰转动带动手臂；

④弓步冲拳要上下协调，同时完成，力达拳面，拳眼向上。

22. 如封似闭

图 208　　　　　　　　　　　　　　图 209

①掌心向下，翻转向上，左掌下穿至右前臂。（图 208）

②左掌前穿，右拳变掌，两手翻转，掌心向上，与肩同宽，与肩同高。目视前方。（图 209）

图 210　　　　　　　　　　　　　　图 211

③重心后移，右腿屈膝，身体后坐，左脚翘起。两臂内旋，掌心相对，微屈两肘，向后收掌，高与肩平。（图 210）

④重心后移，屈膝下沉，两臂屈收，两掌翻转，后引下按于腹前两侧，掌心向下。（图 211）

图 212

⑤重心前移，左脚踏实，左腿屈弓，右腿蹬伸成左弓步。两掌前推，力达掌根，指尖向上。
（图 212）

提示：

①后坐收掌时重心要充分后移，两臂屈收内旋，两掌翻转下按，运行路线为弧形；

②两掌向前推按，由下向上、向前弧形推按；

③向前推按时注意腰脊转动整体用力。

23. 十字手

图 213　　　　　　　　　　　　　　　　图 214

①重心右移，向右转体，右腿屈膝，重心后坐，左脚内扣。右手分掌，向右平摆，掌心向前，目视左掌。（图 213）

②上体右转，右脚外撇成右弓步。两掌侧分，与肩同高。目视右手。（图 214）

图 215　　　　　　　　　　　　　　　　图 216

③重心左移，左腿弯曲，右脚内扣，脚尖翘起。两手向下，弧形合抱。（图 215）

④重心左移，右脚内收，脚掌着地，与肩同宽，两手经下向上合抱，左手在上。（图 216）

图 217

⑤右脚踏实，两腿屈膝，重心中定。两手合抱，置于胸前，成十字手。目视前方。（图 217）

提示：

①转身摆扣脚与弓步分掌合抱，要依次协调连贯完成；

②两掌由下向上合抱时，屈膝下沉，不可弯腰、屈体、前俯后仰；

③两手合抱时，须两臂微屈撑圆，沉肩坠肘。

24. 收势

图 218   图 219

①两手翻掌，掌心向下，左掌在上。目视前方。（图 218）
②两掌平分，与肩同宽，与肩同高。（图 219）

图 220

③两腿伸直成开立步。两臂下垂，两掌下落，经腹前方至两腿侧。（图 220）

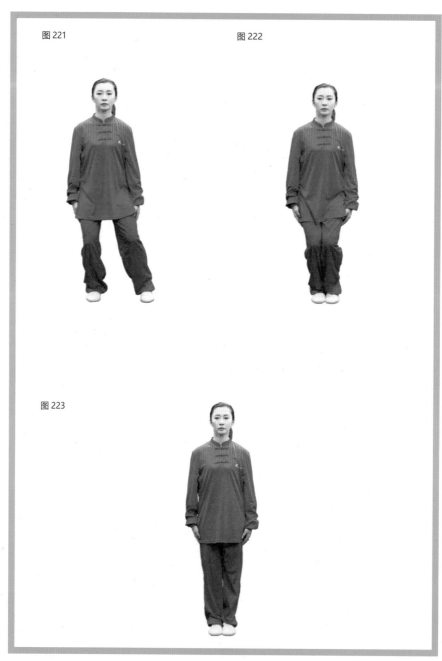

图 221　　　　　　　　　　　图 222

图 223

④右腿微屈，重心右移，左脚右收，两脚并拢，两腿伸直，立身中正，并步直立。目视前方。
（图 221—图 223）

提示：

①翻掌分手时腕关节要伸直，不可做屈腕的腕花动作；

②收势要轻匀沉稳，呼吸自然，气沉丹田。